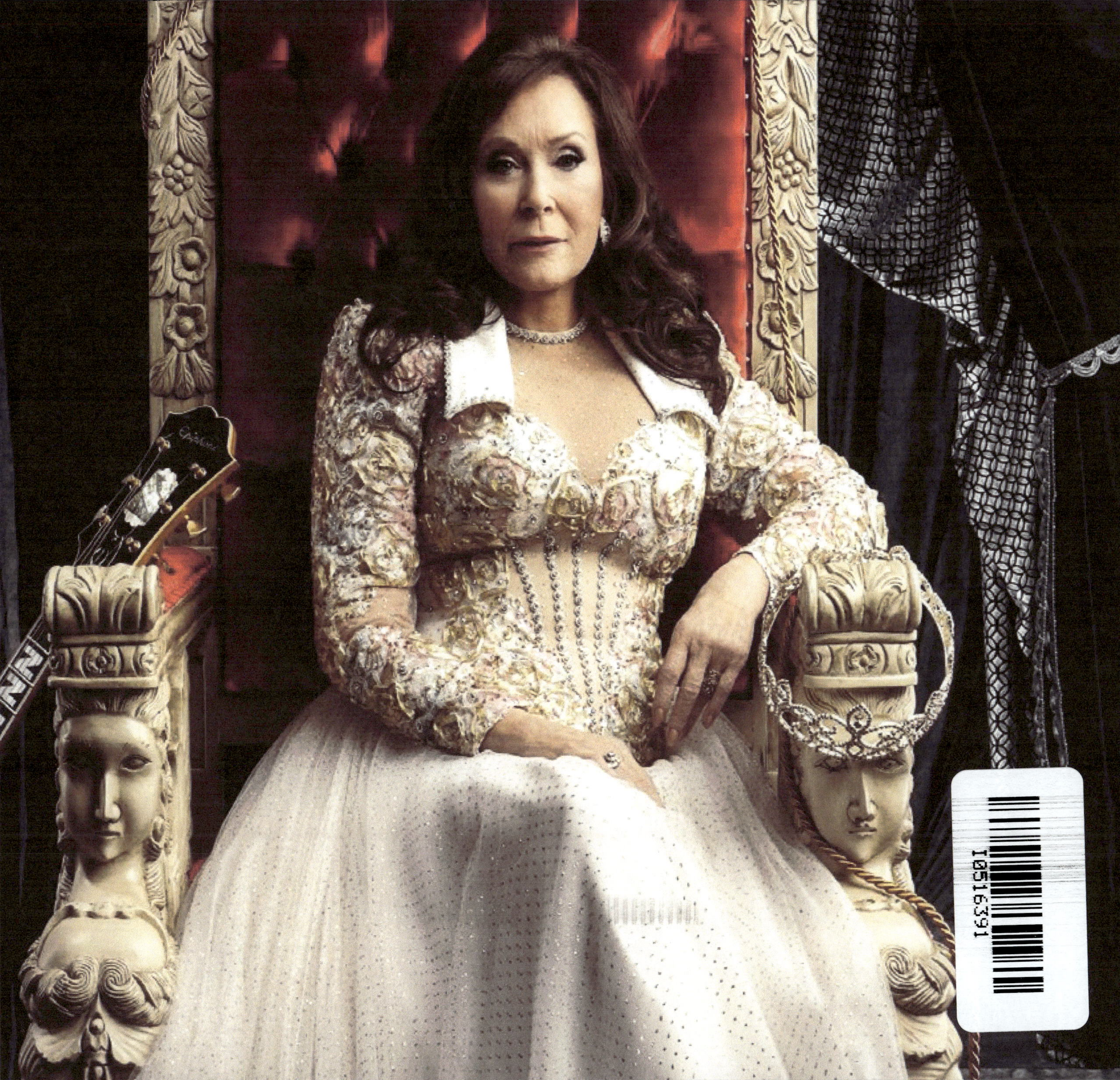

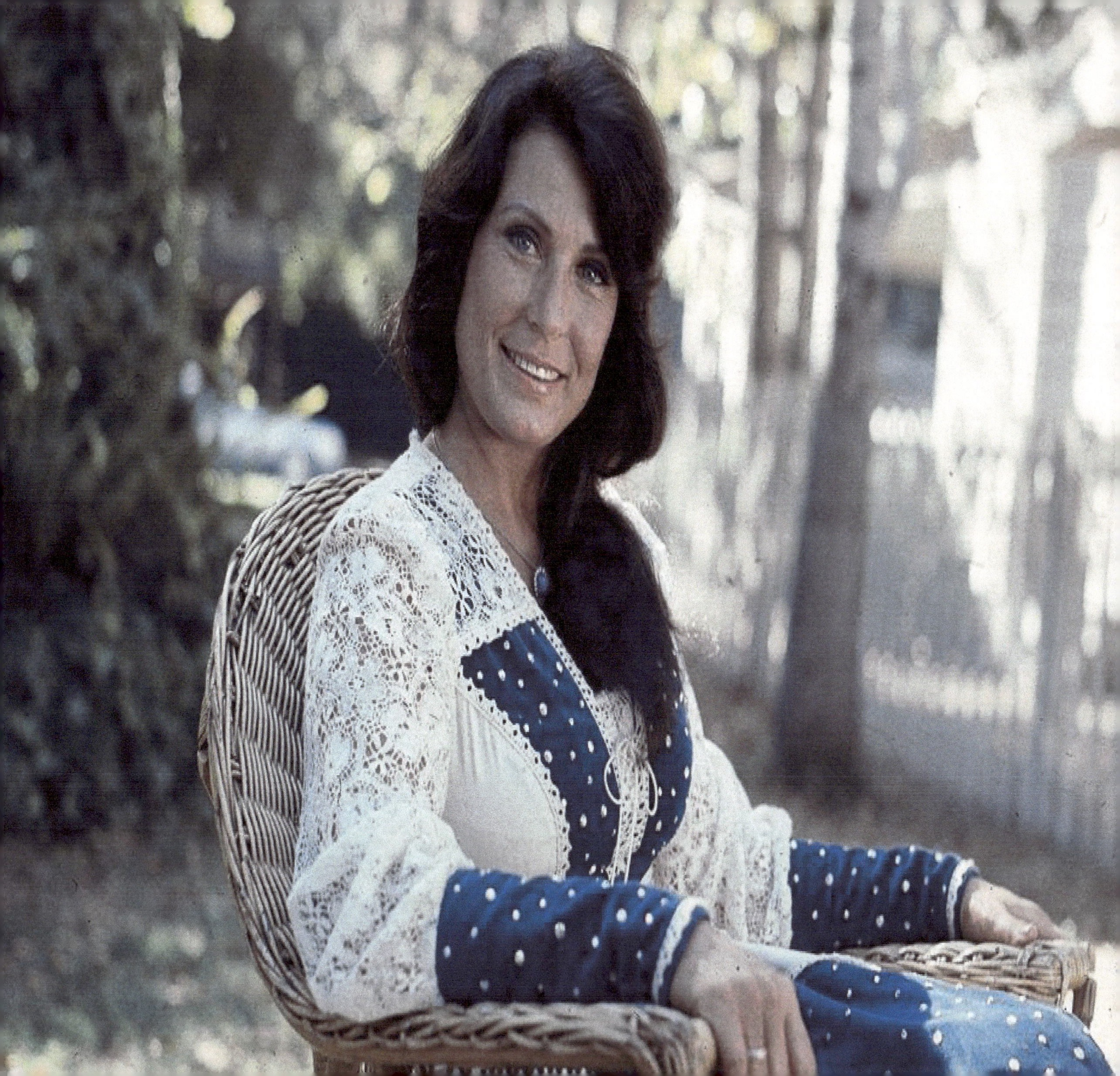

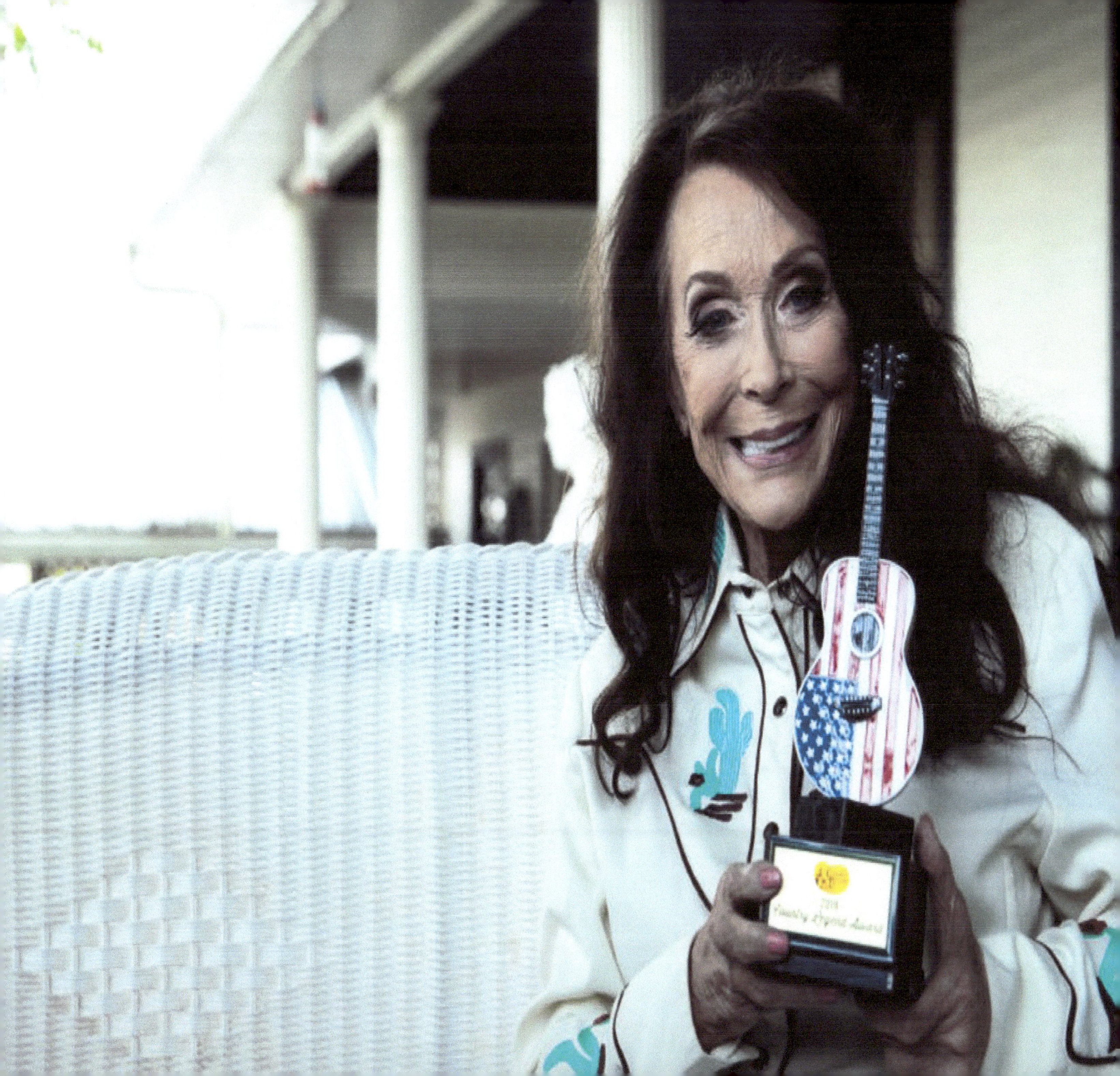

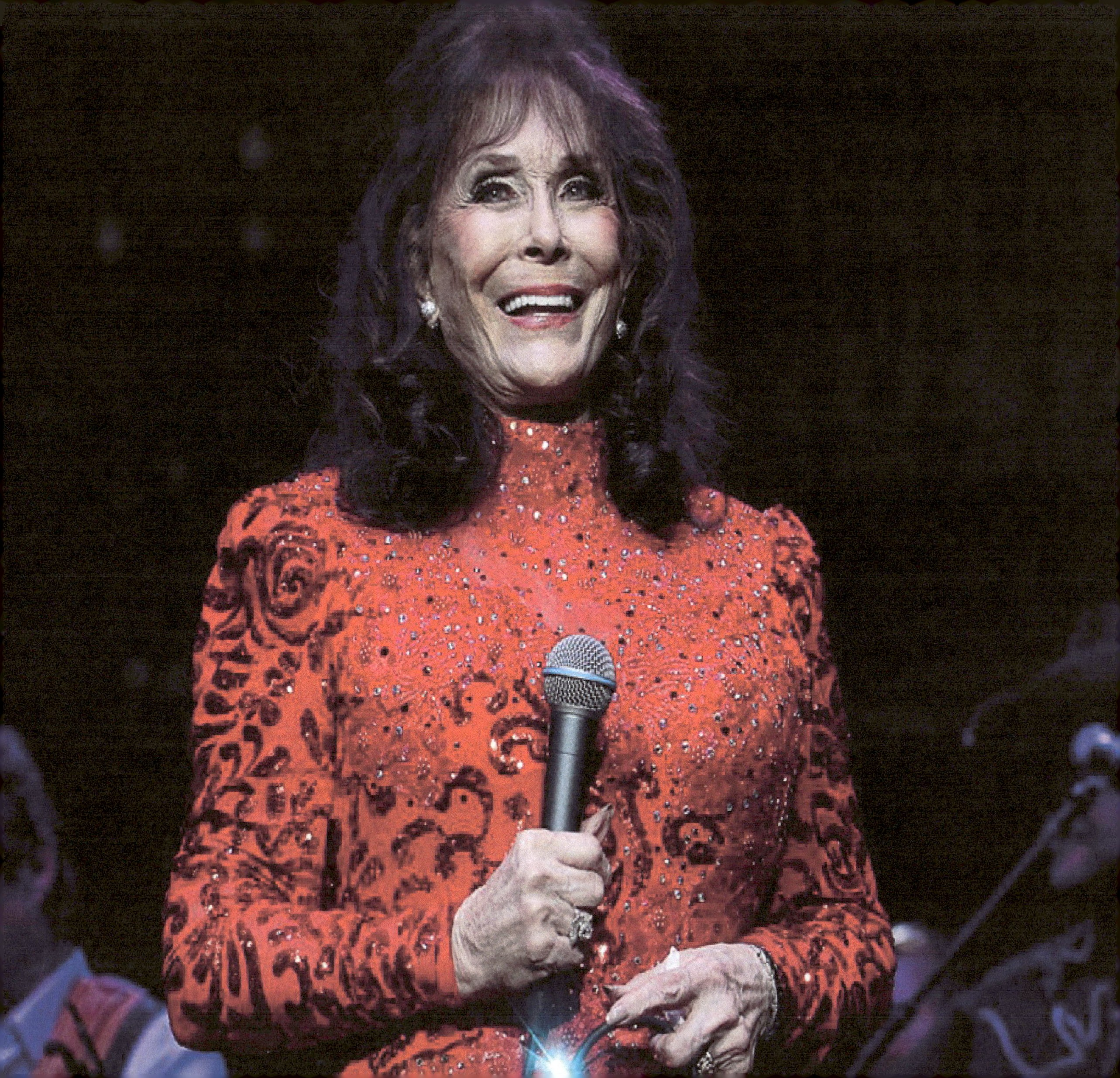

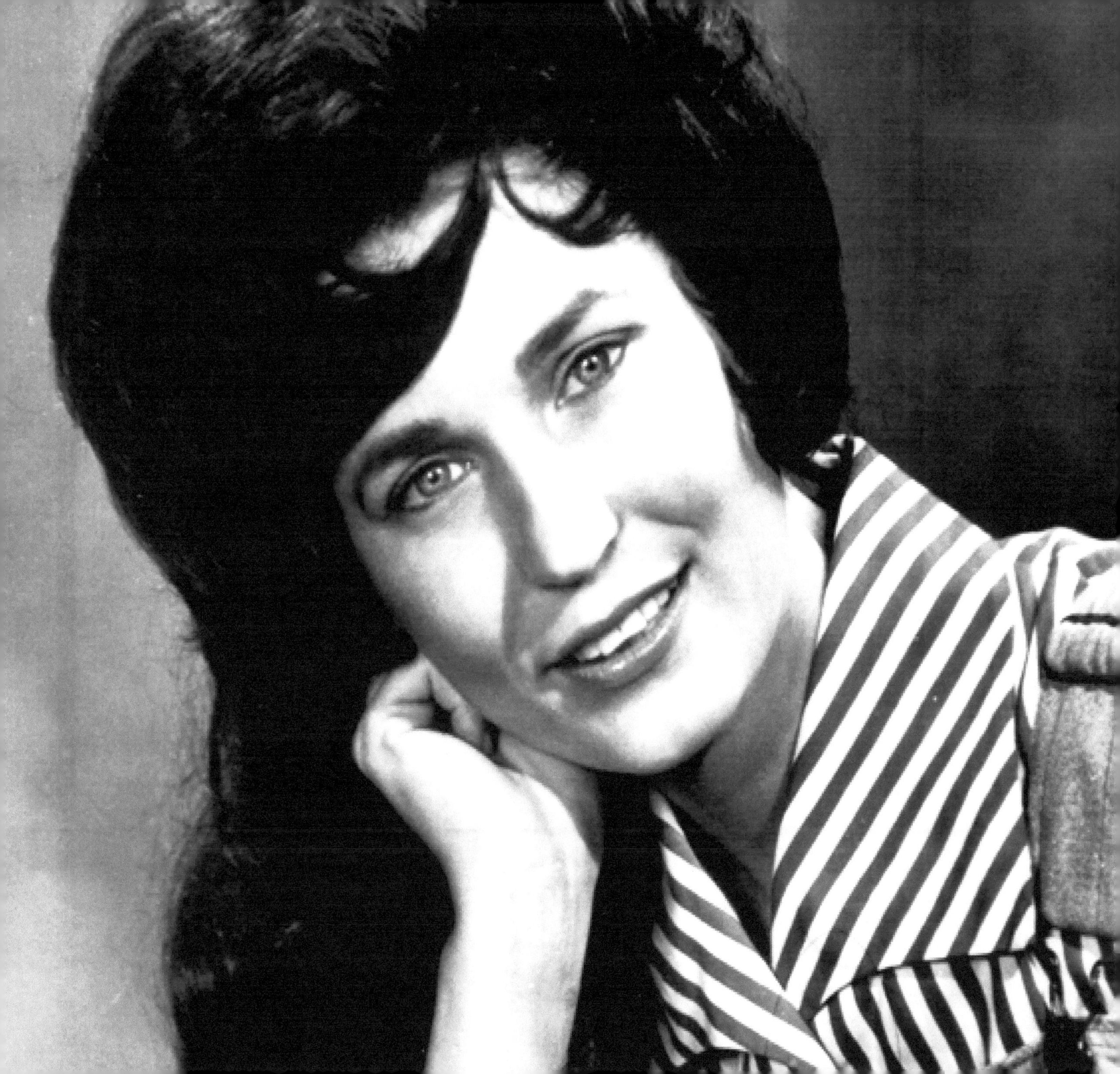

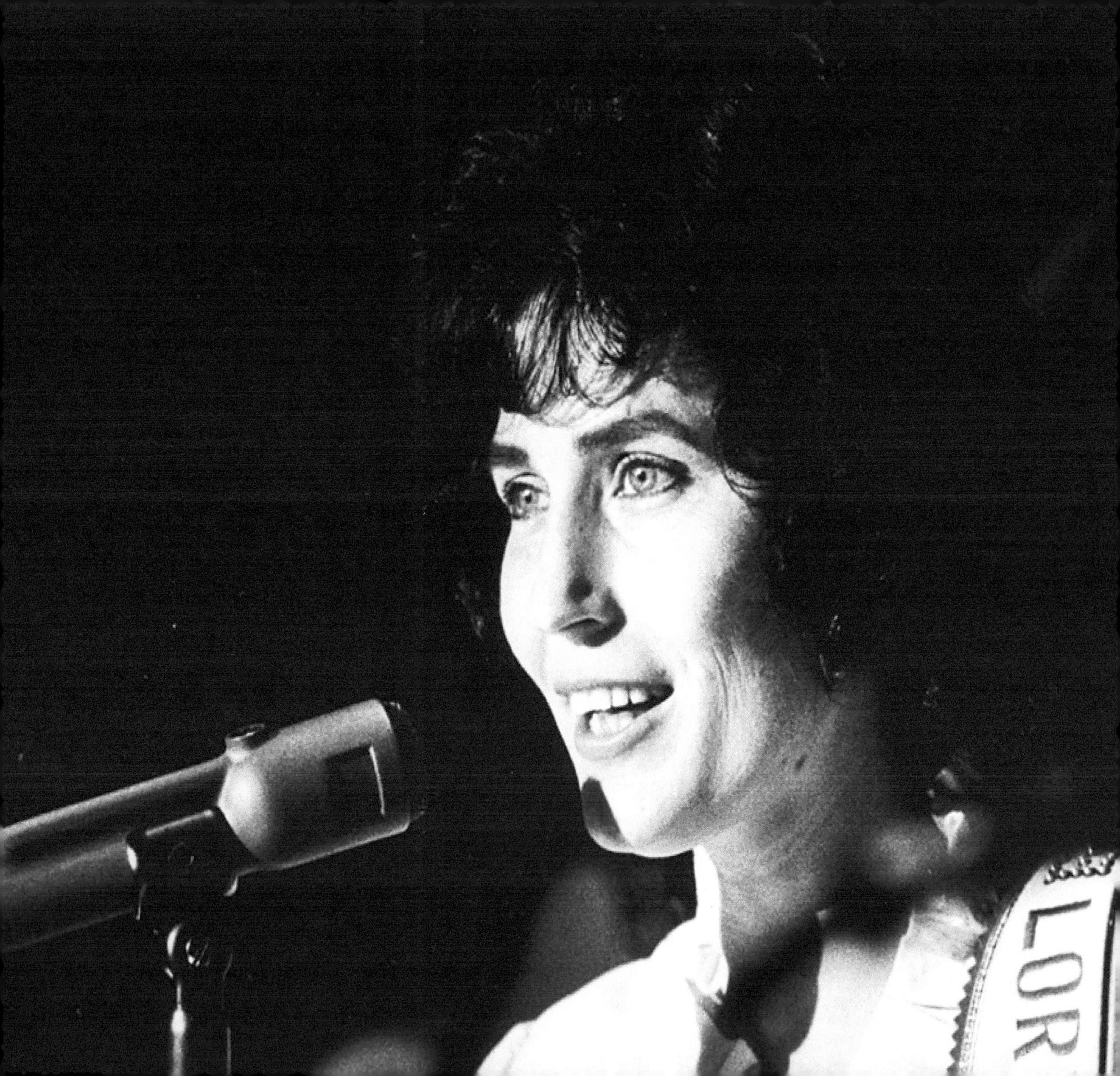
LOR

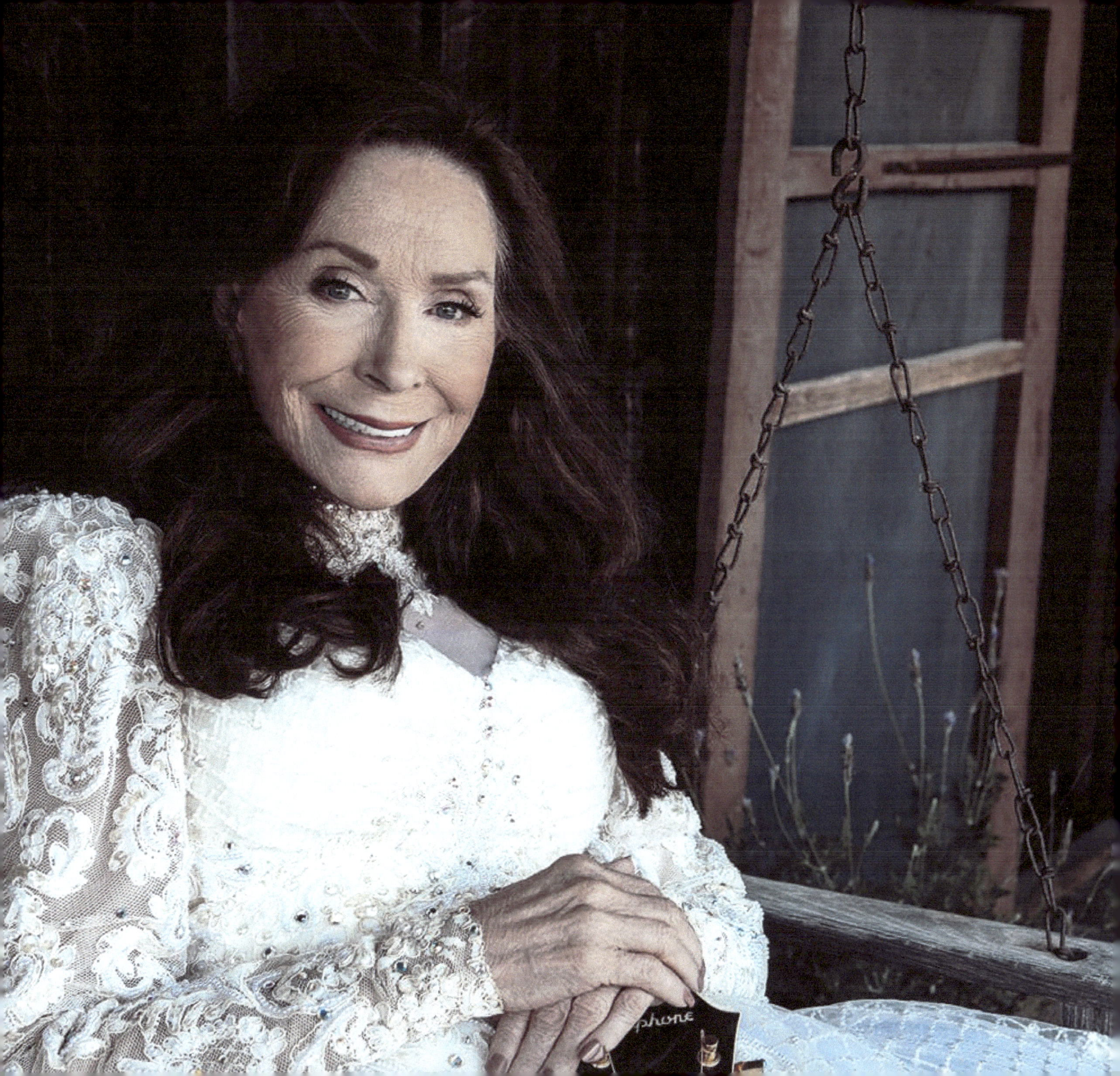

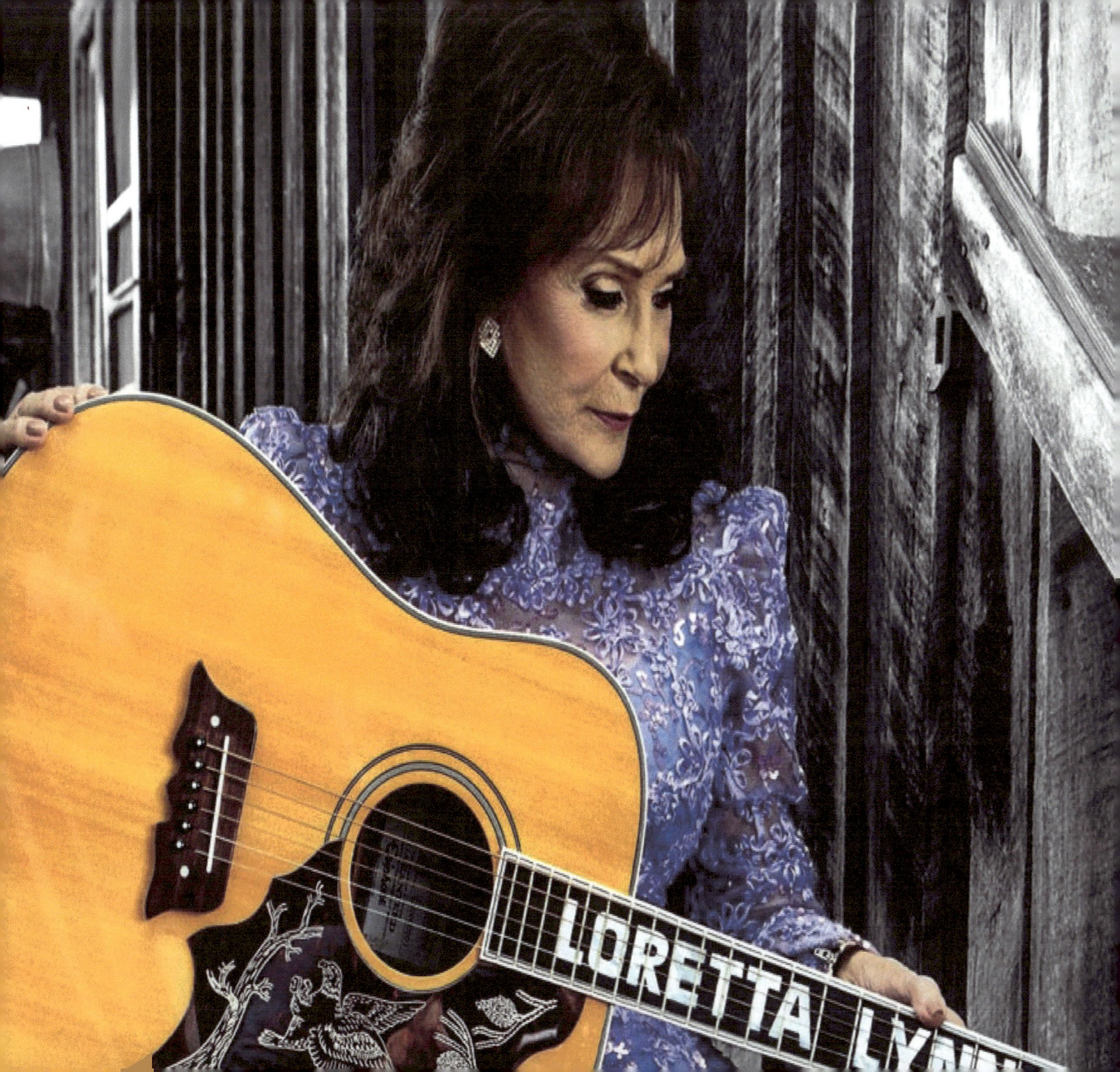
LORETTA

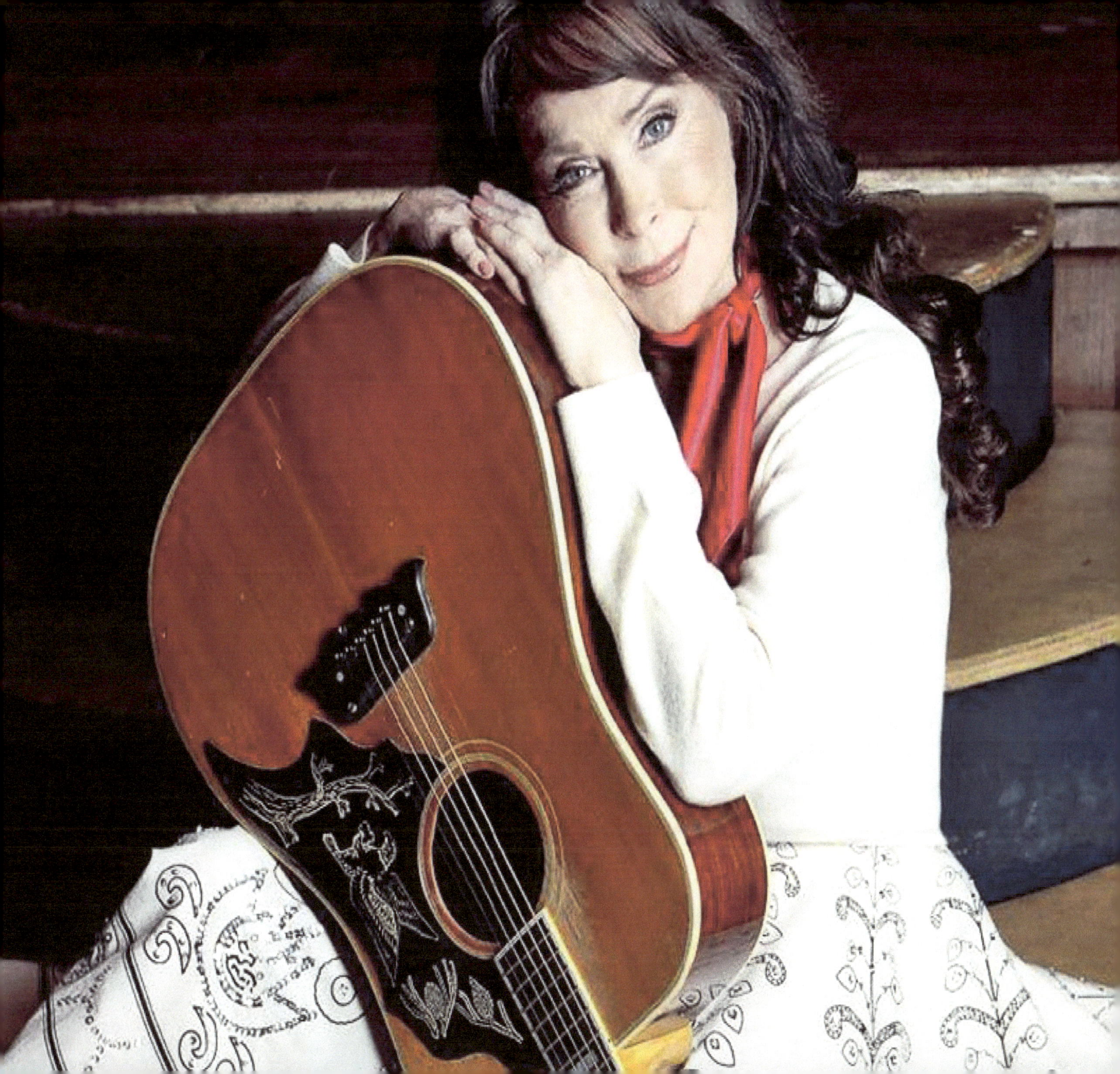

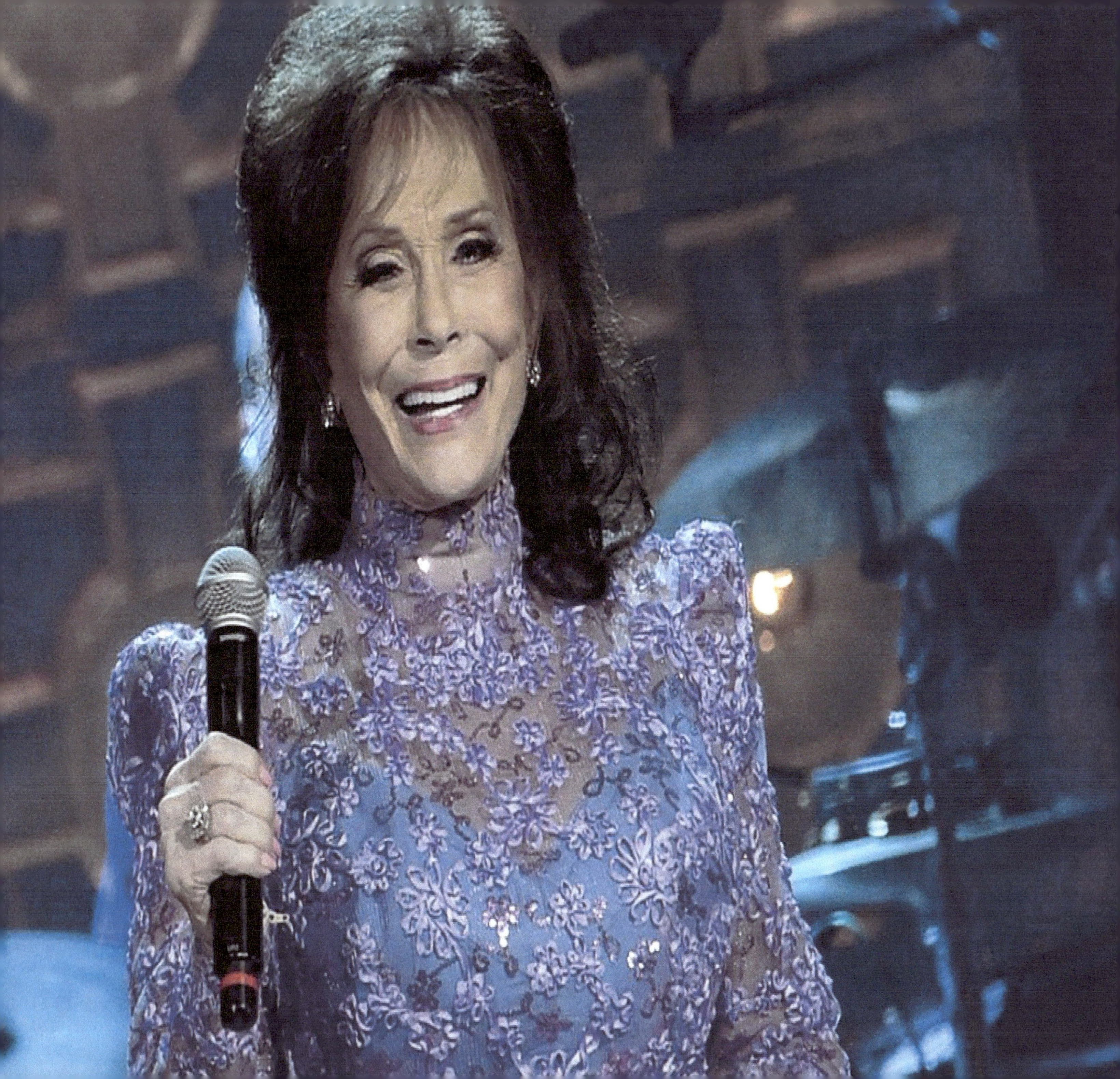

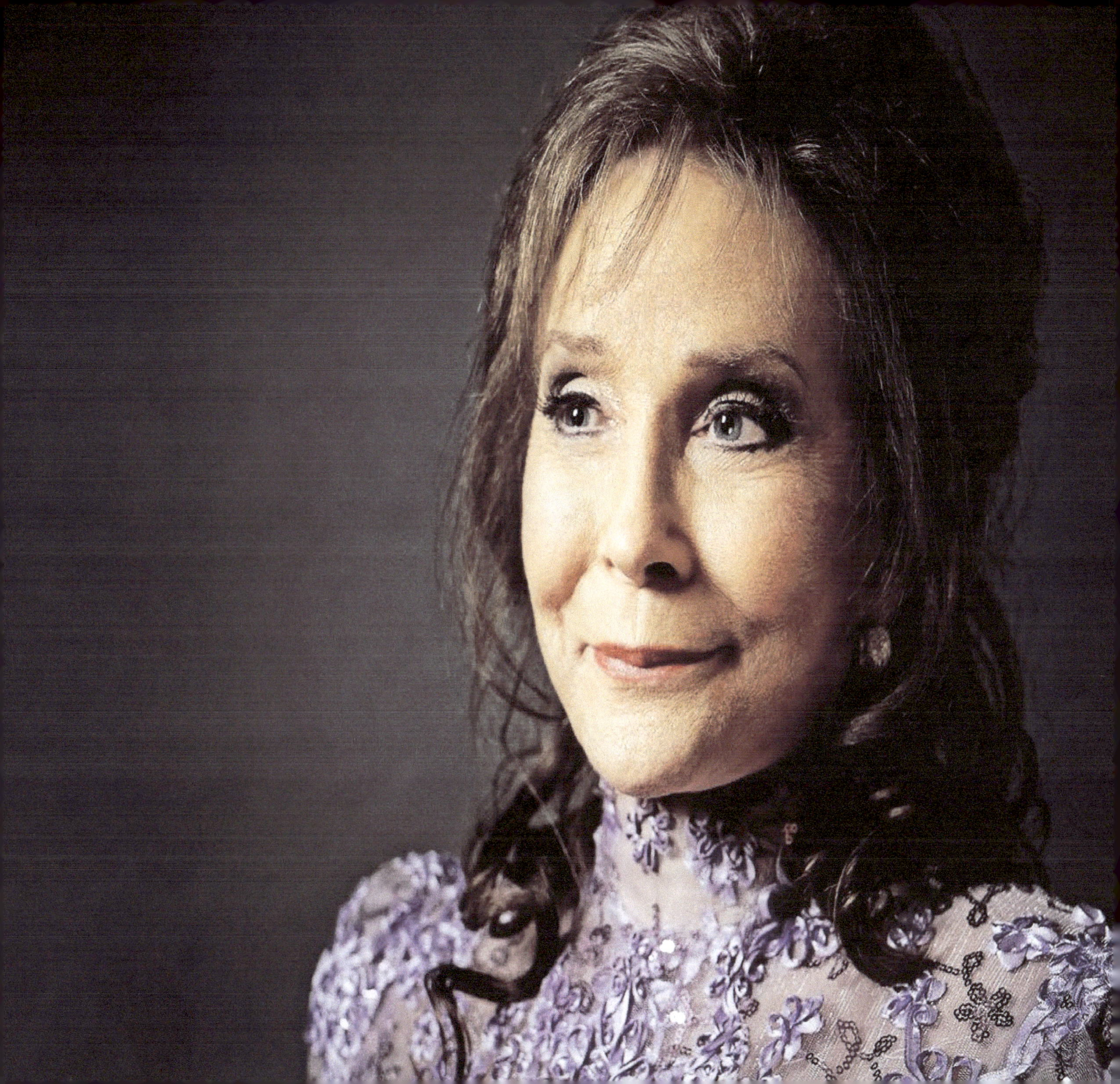

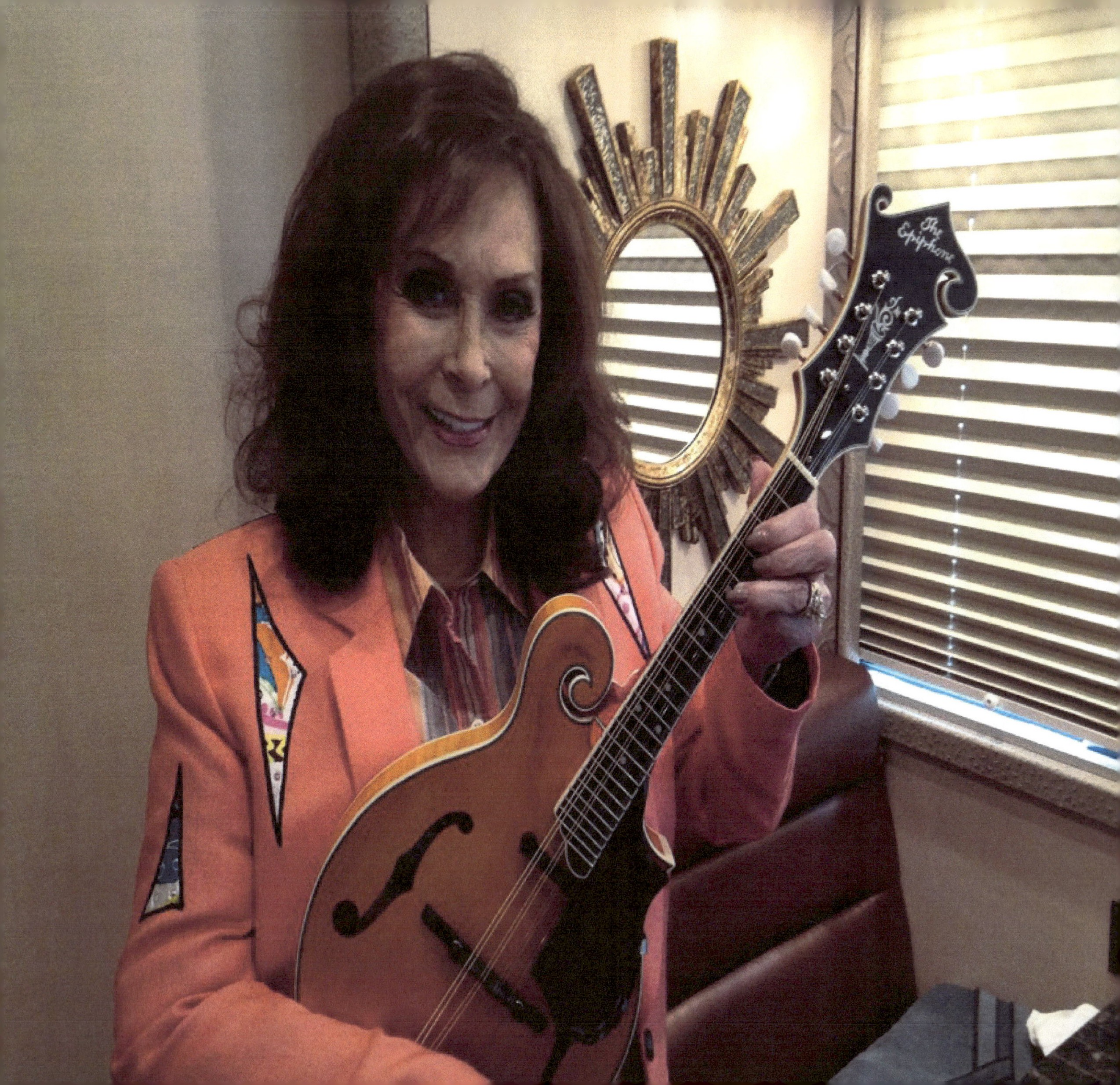
The Epiphone

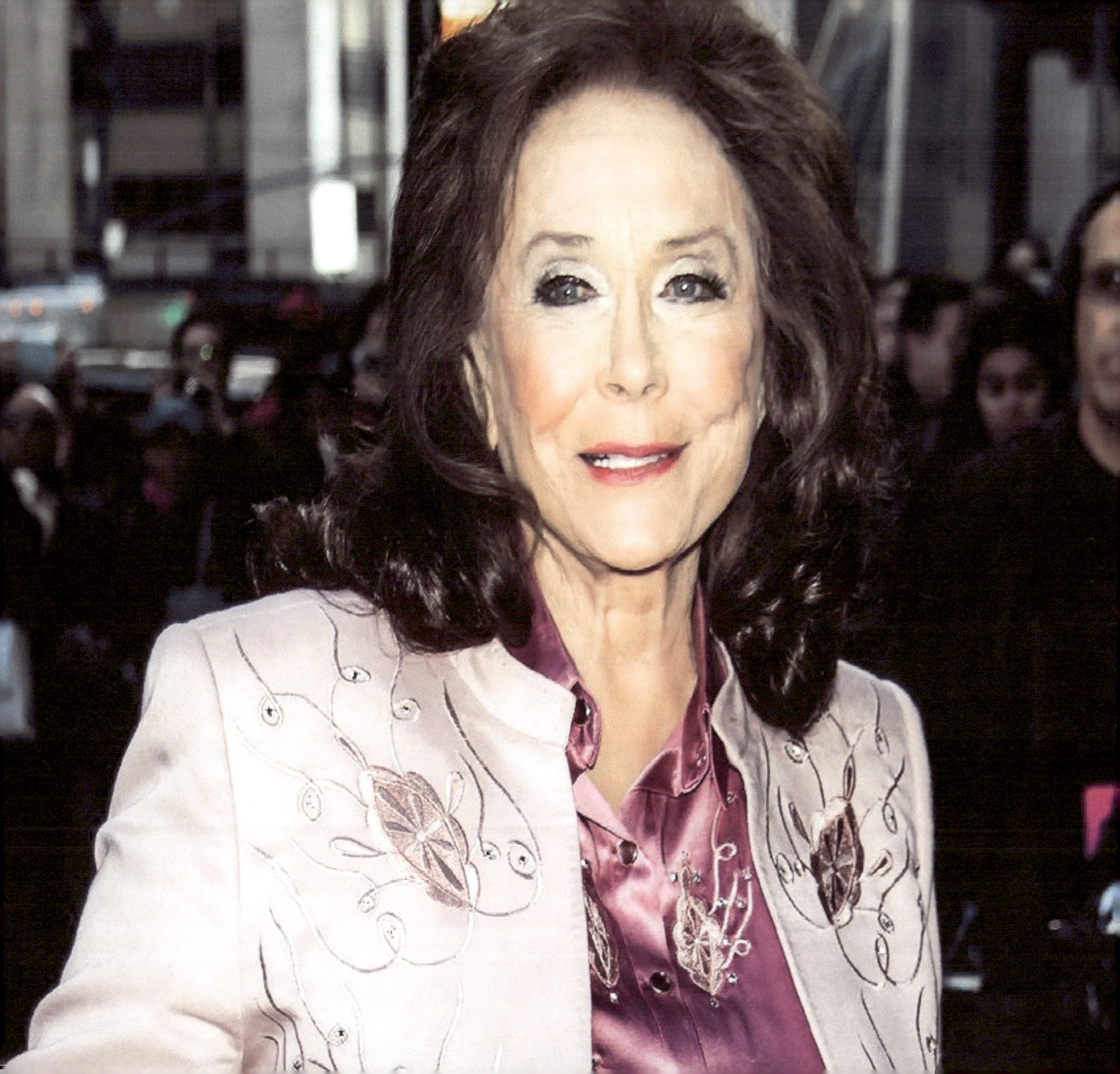

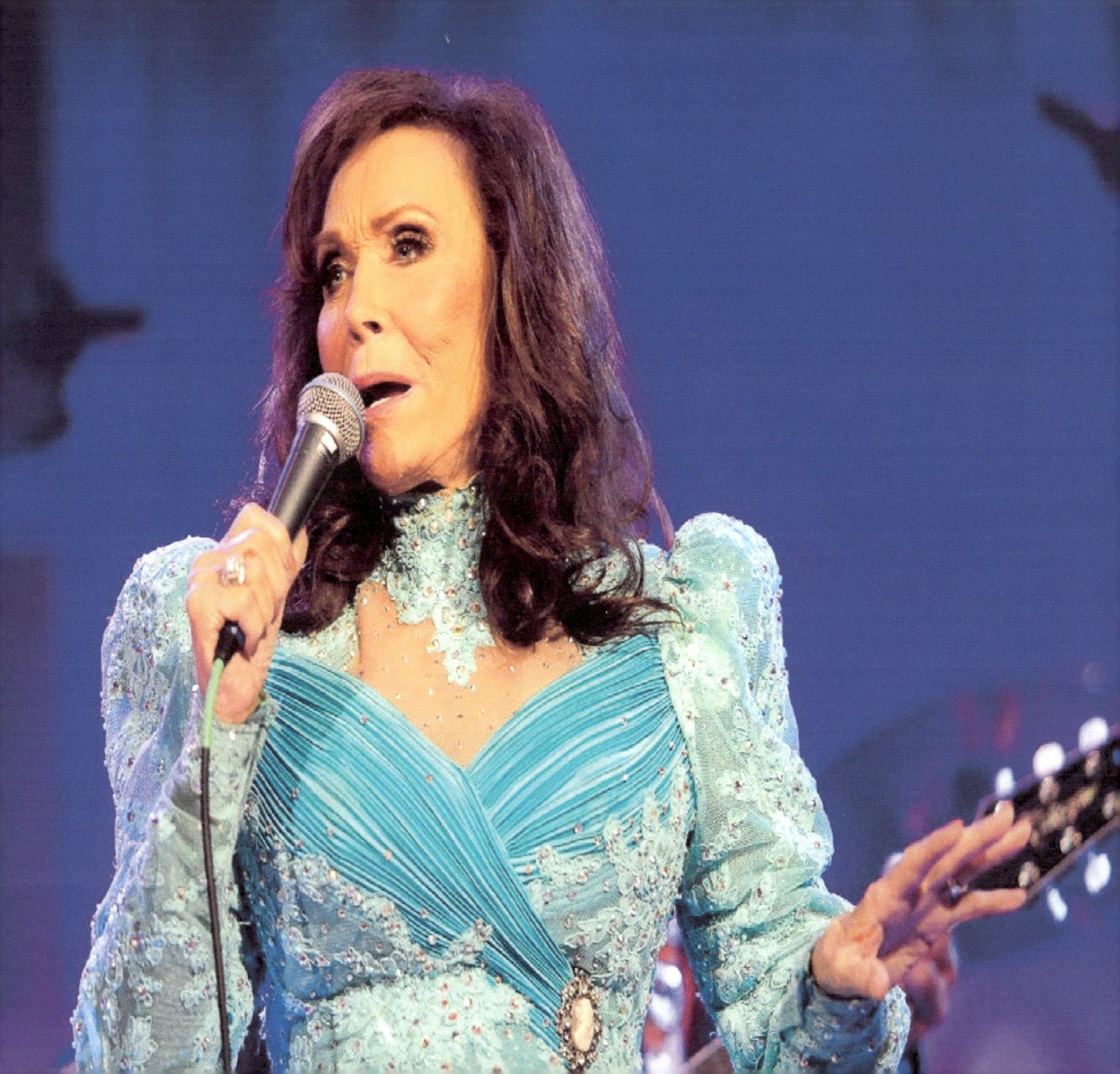

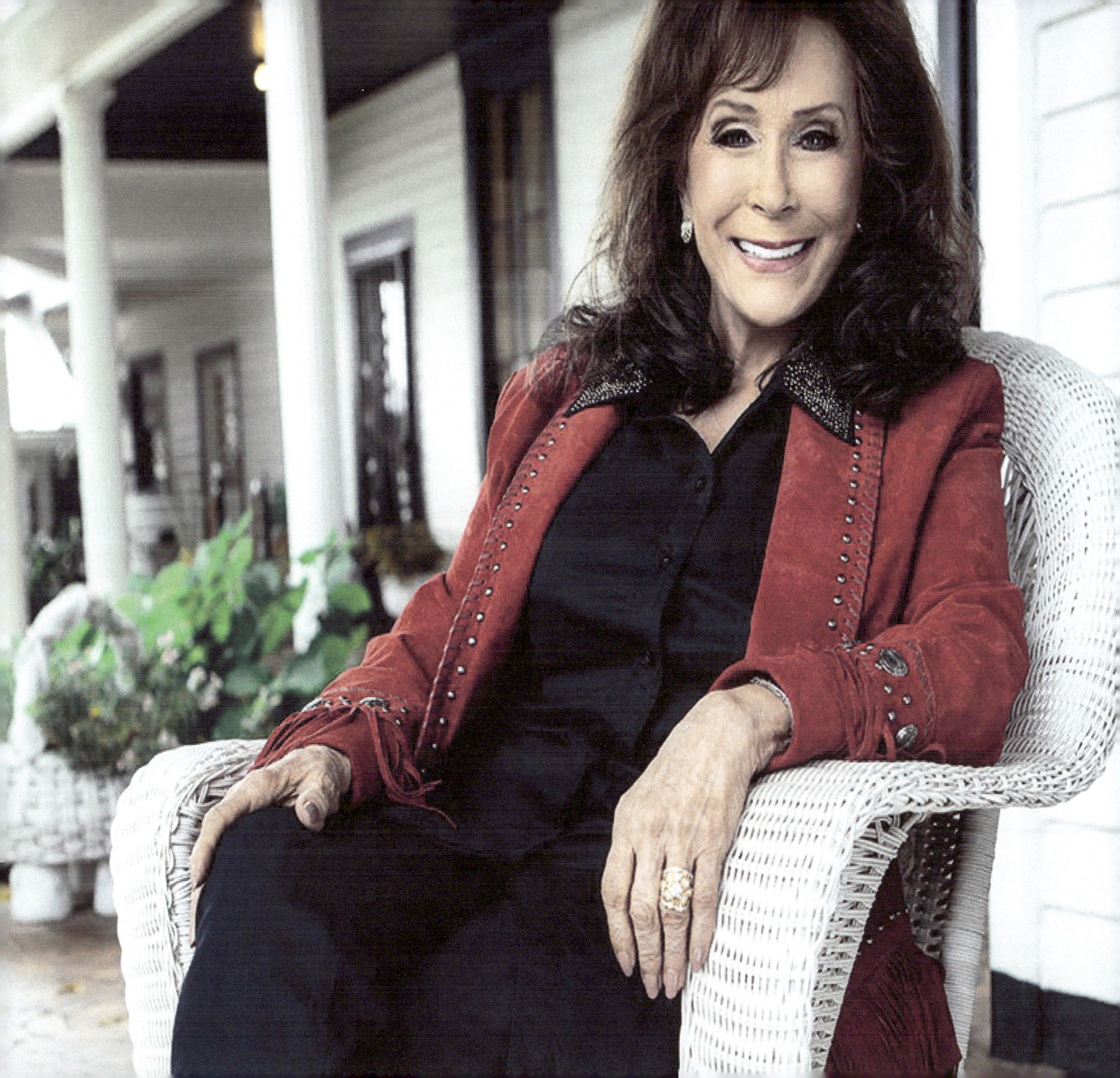

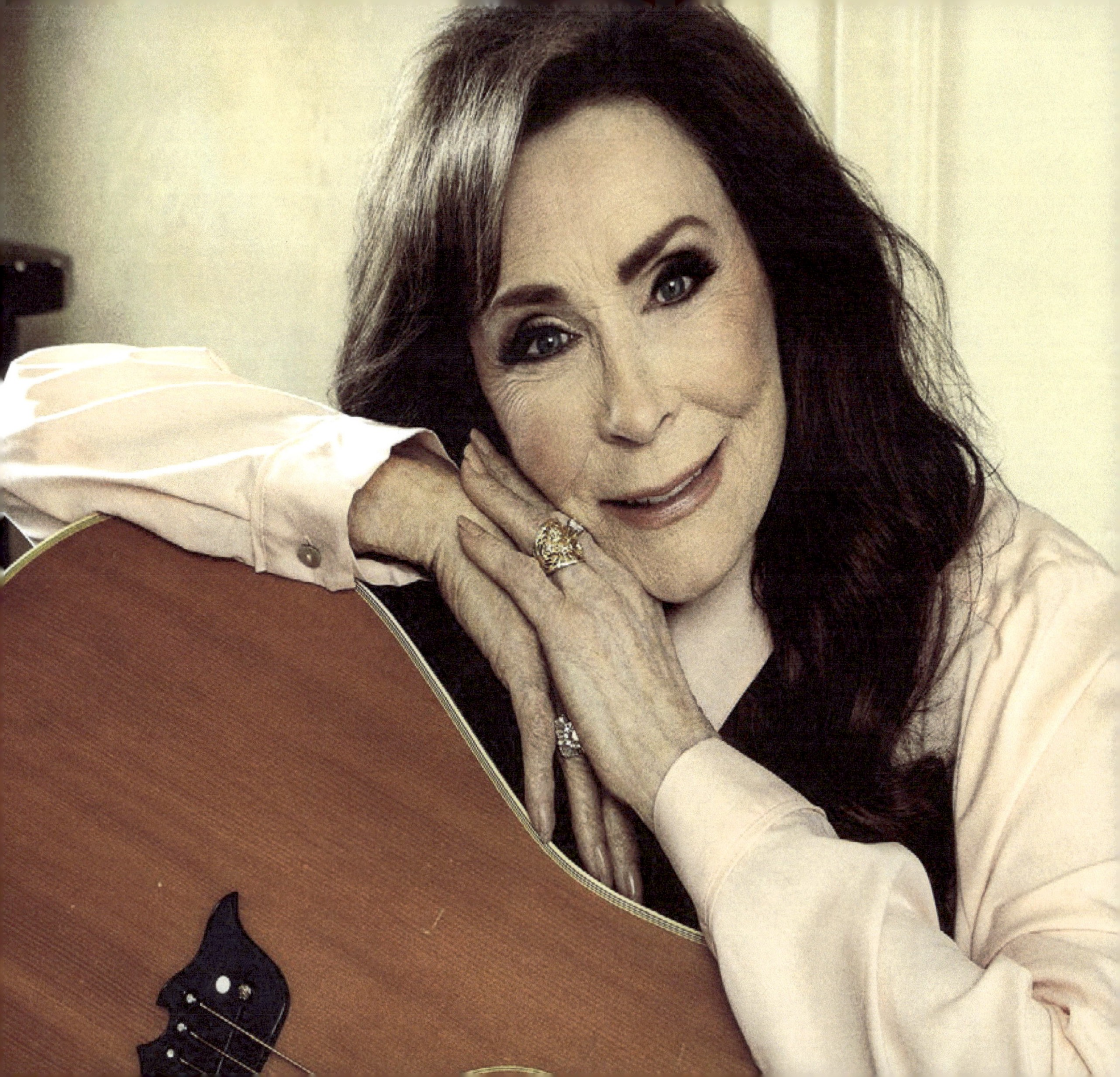

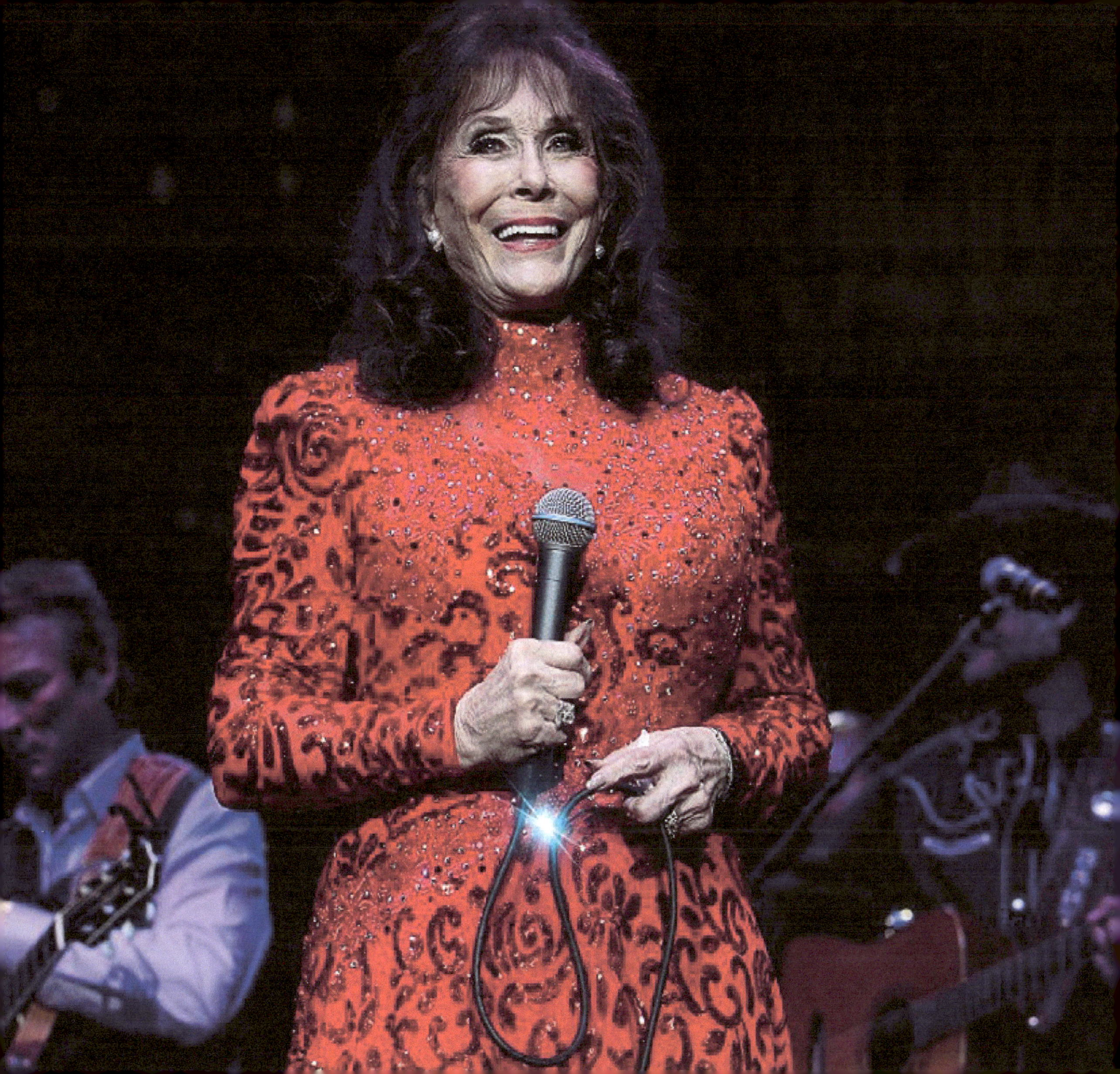

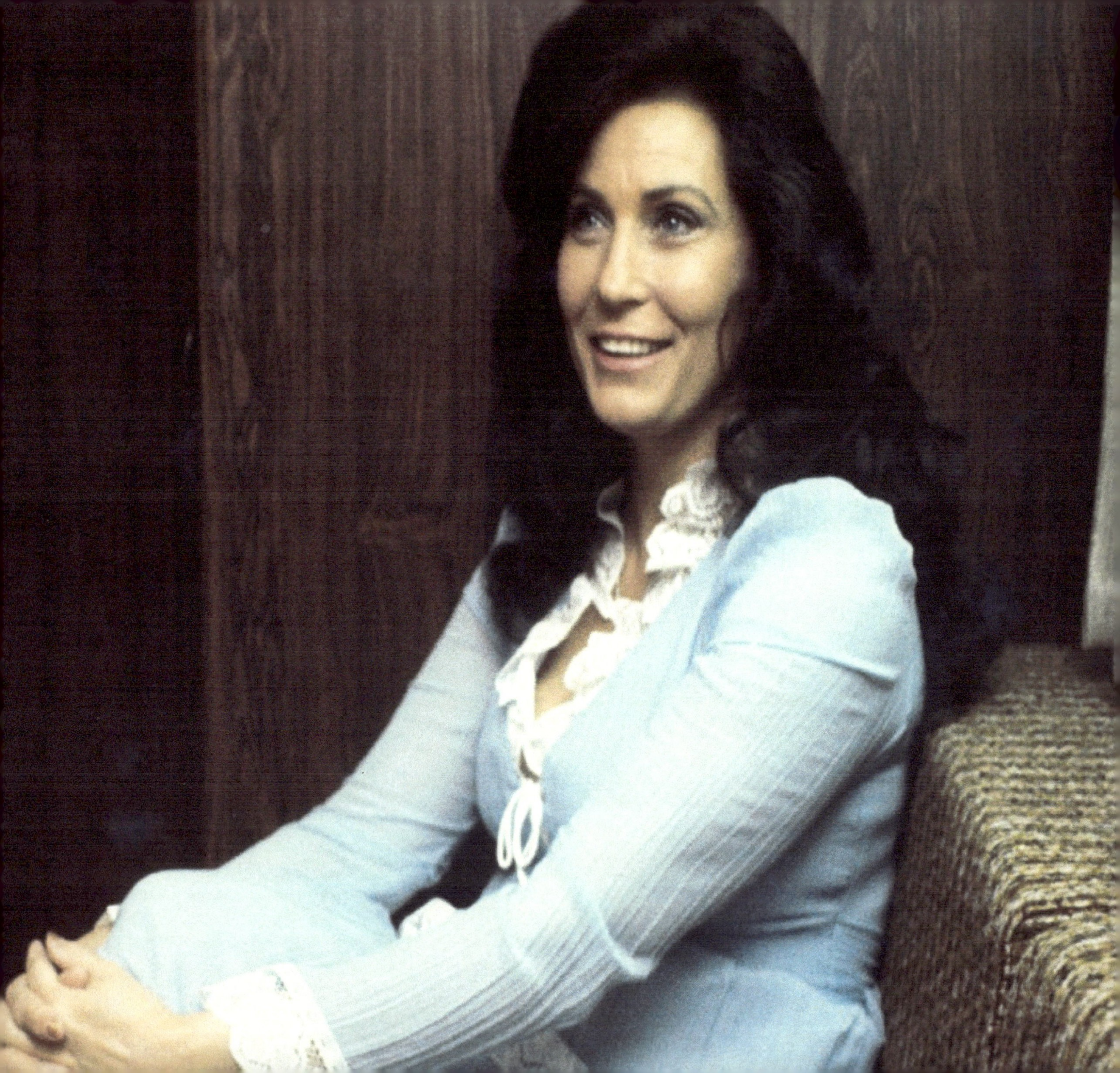

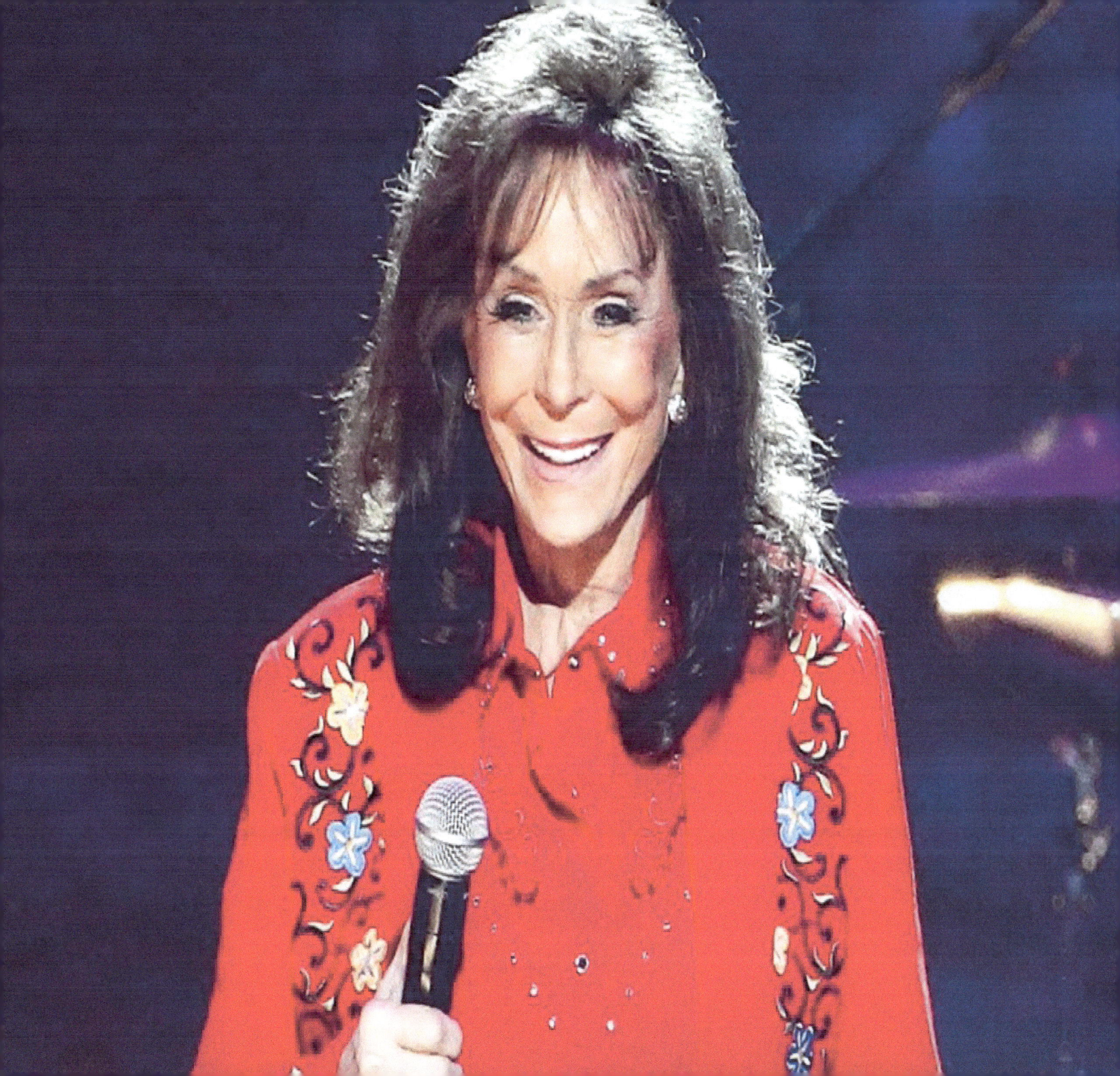

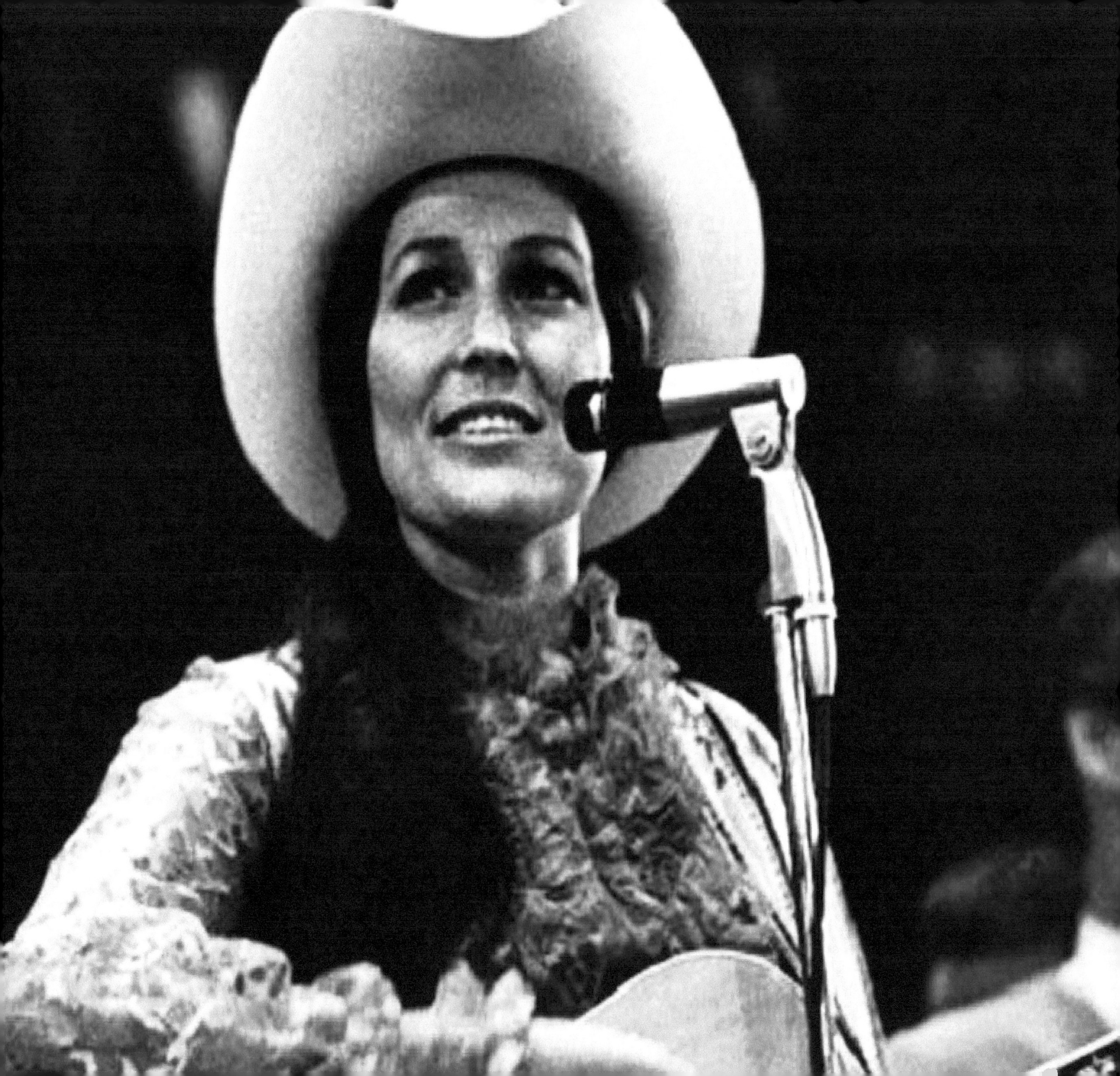

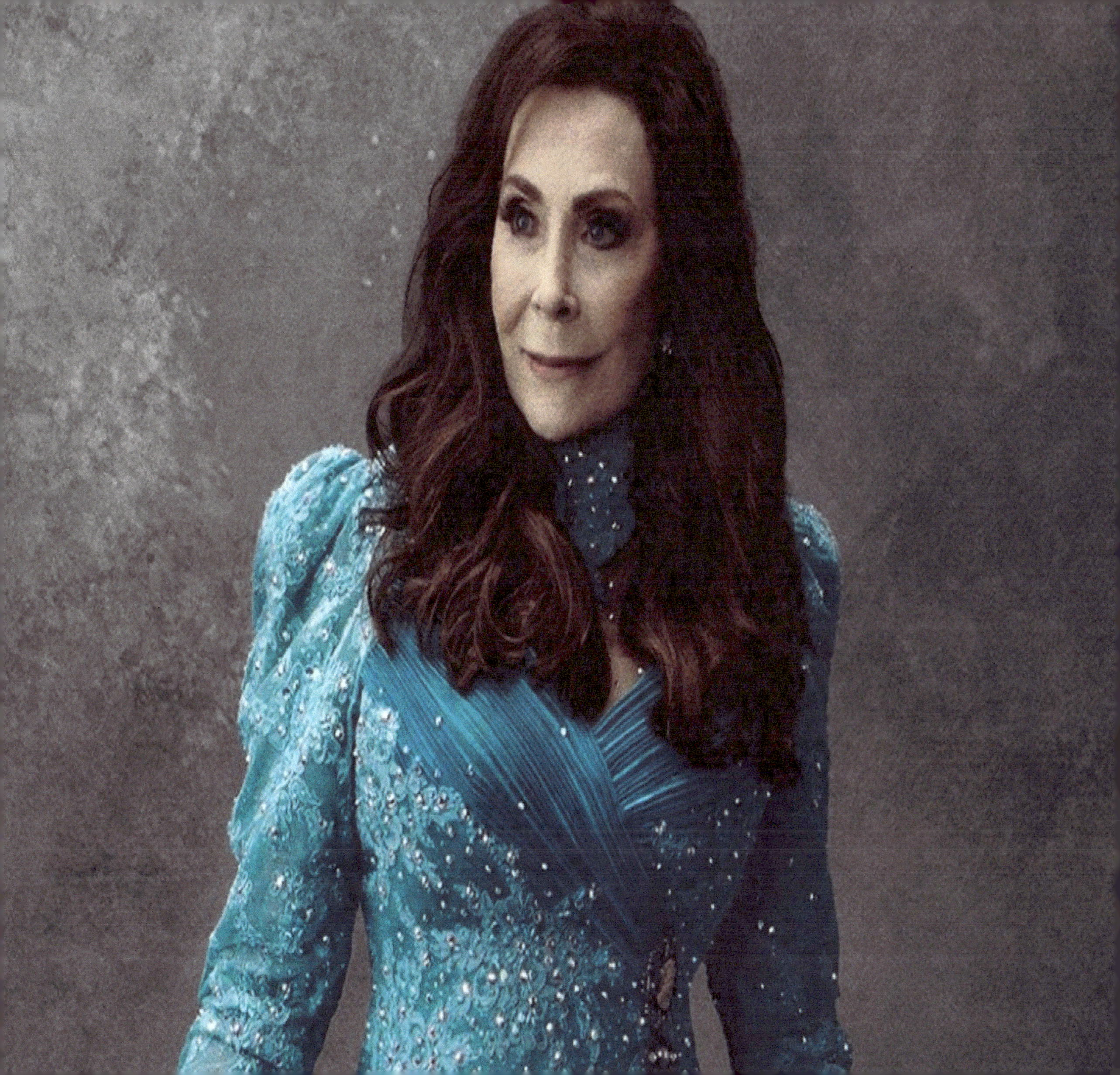

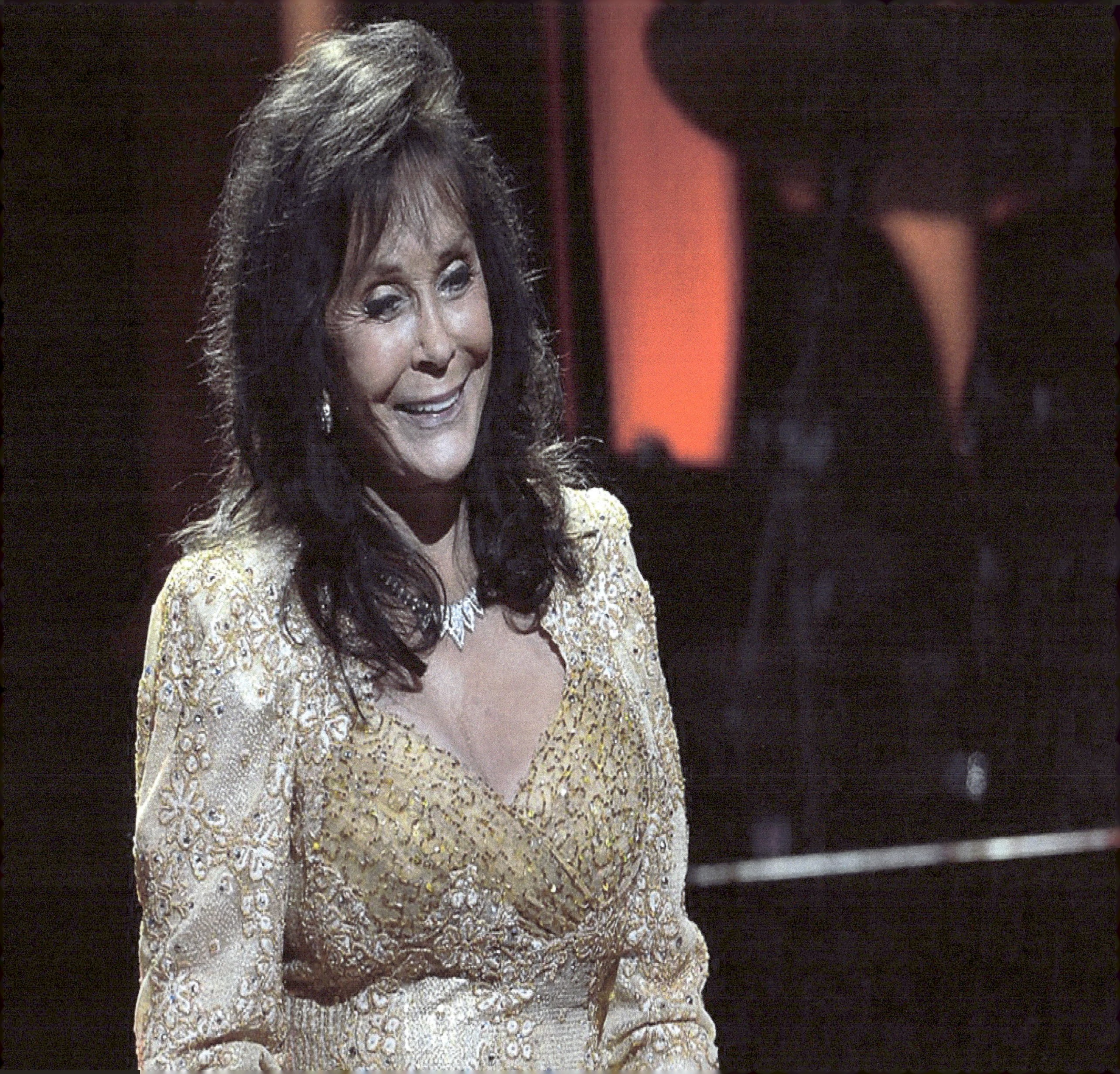

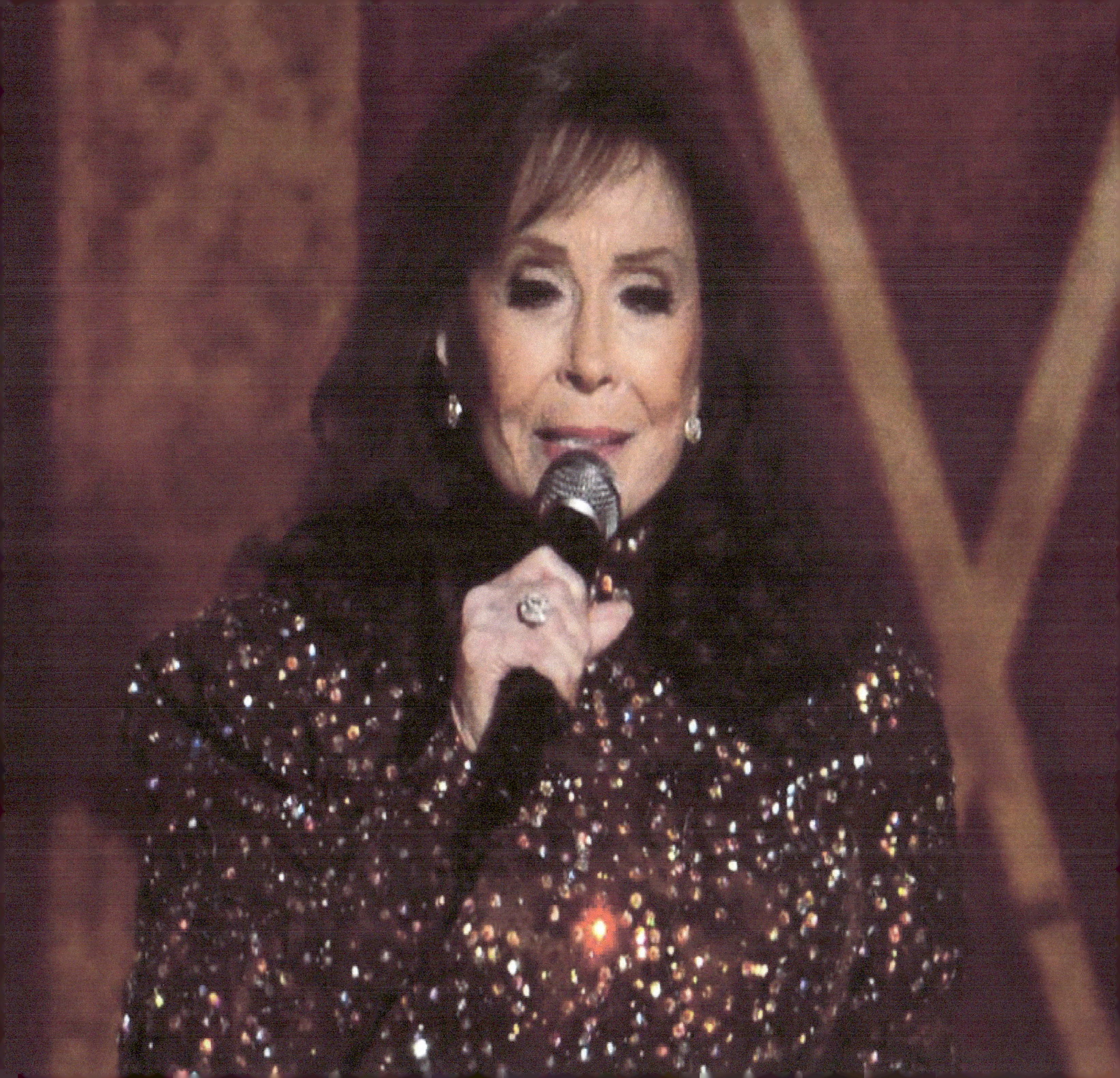

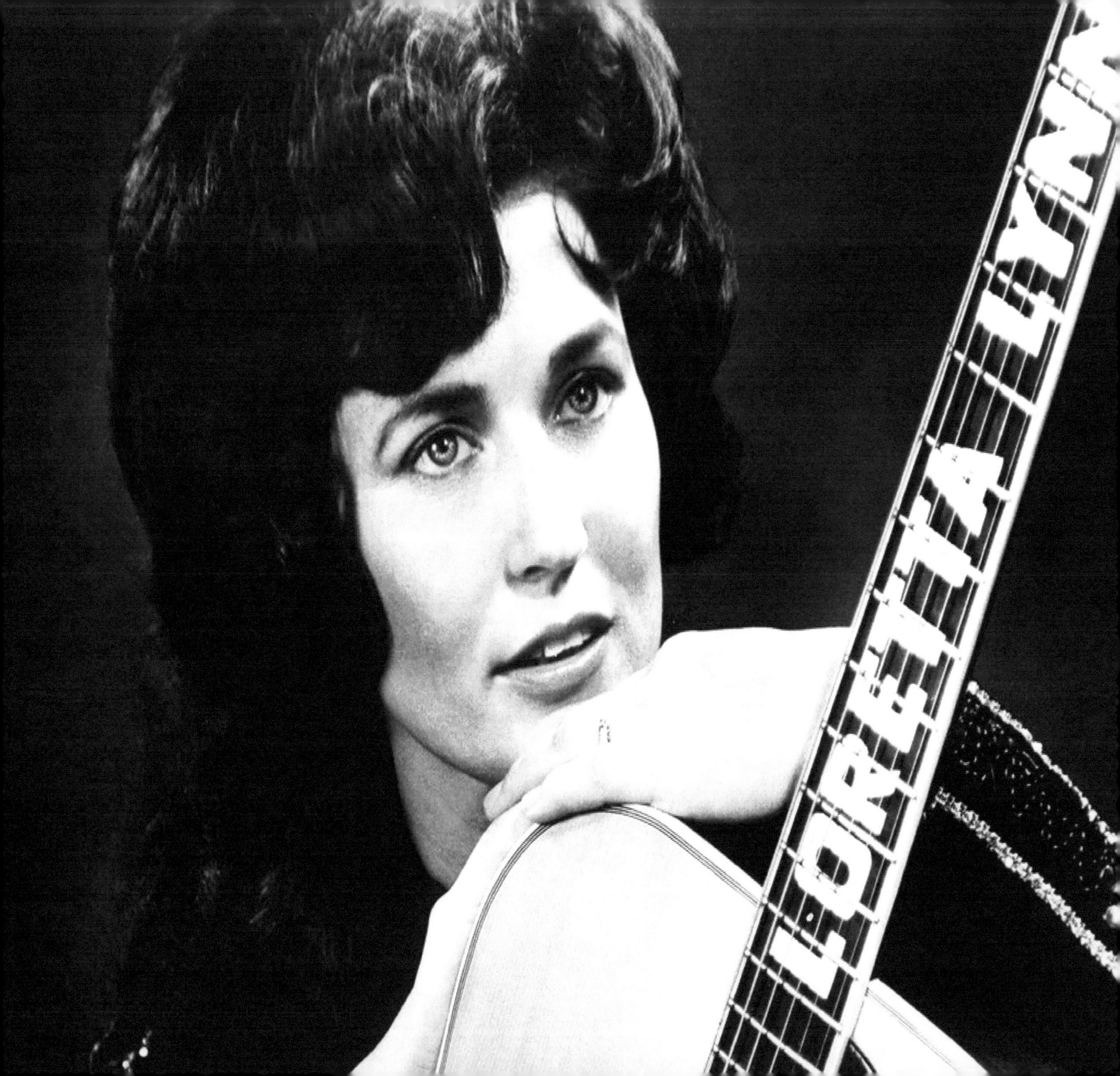
LORETTA LYN

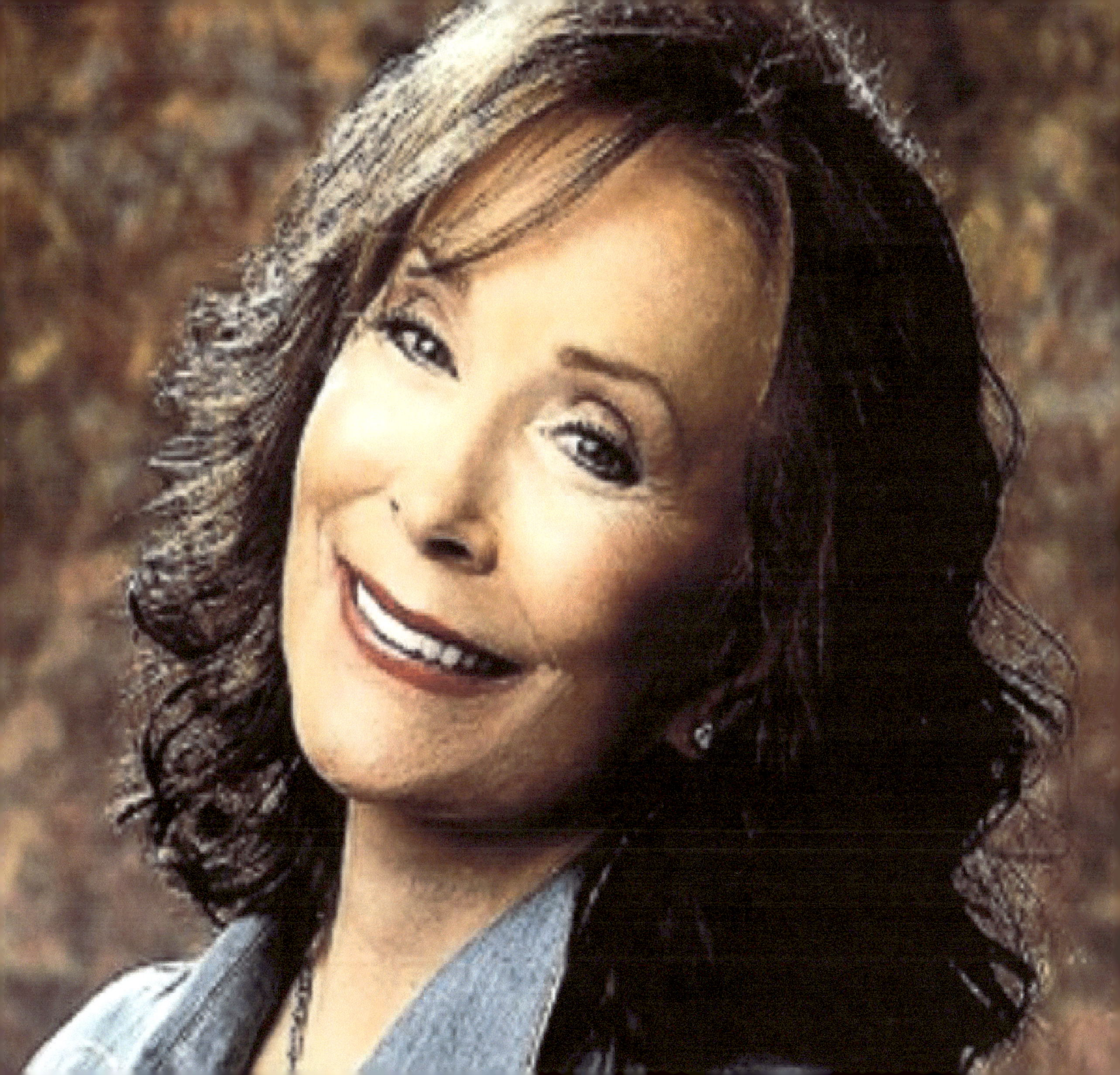

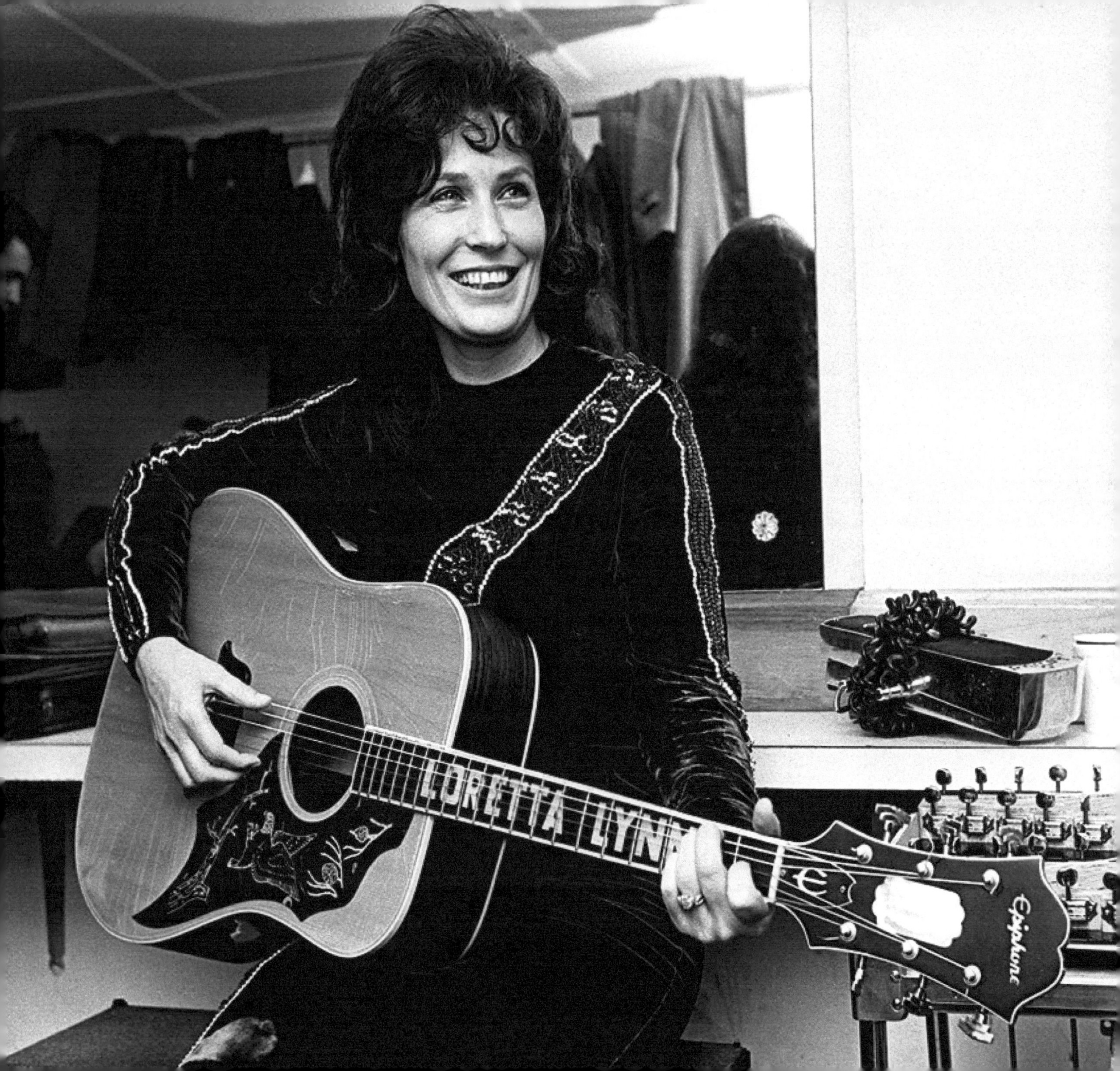
LORETTA LYNN
Epiphone

www.ingramcontent.com/pod-product-compliance
Lightning Source LLC
Chambersburg PA
CBHW051832210526
45473CB00005B/1839
* 9 7 9 8 3 6 6 9 4 8 4 1 8 *